DÉFENDEZ-VOUS:

NE CALOMNIEZ PAS,

OU

LETTRE

DE M. LAFONT, OFFICIER SUPÉRIEUR,

A M. CANUEL,

LIEUTENANT-GÉNÉRAL.

A LYON,

CHEZ J. TARGE, LIBRAIRE-ÉDITEUR,
Rue Lafont, n.º 4.

1818.

DÉFENDEZ-VOUS :

NE CALOMNIEZ PAS.

Le colonel *Fabvier* n'a révélé à la France qu'une partie de la vérité lorsqu'il a dit, dans son écrit intitulé : *Lyon en mil huit cent dix-sept ;*

« La persécution contre les officiers à demi-« solde a été poussée (à Lyon) à l'excès le « plus déplorable. »

Ces officiers, si cruellement offensés, si lâchement dénoncés, si souvent humiliés, toujours au-dessus de leurs ennemis; ces officiers qui ne trouvent dans leurs souvenirs que de la gloire, dans leur conscience que la paix, dans leur cœur que l'amour de la patrie et du Roi : ces officiers vengés de leurs persécuteurs par l'indignation publique, consolés de leurs malheurs par l'estime et la confiance d'un monarque que les véritables amis du trône ont enfin détrompé, avaient résolu de garder un généreux silence.

Ils avaient besoin de vous oublier, monsieur le Général, et ils faisaient des vœux pour

i

rallumer, dans le département du Rhône, les feux mal éteints de la discorde?

Ah! si dans le moment même où la voix de M. Crignon d'Auzouër, donnait à la tribune de la chambre des députés le signal d'une guerre nouvelle, l'un des députés du département du Rhône se fût levé et lui eût dit : « Parleur inconsidéré , si vous ne res- « pectez pas la volonté du Roi, ni les actes « de son gouvernement , craignez du moins « de troubler la paix dont jouit la malheu- « reuse ville de Lyon. Laissez-la respirer « après tant de secousses. A peine le maré- « chal Marmont y était-il paru, à peine « avait-il parlé au nom de Sa Majesté, et « déjà le calme régnait dans le département « du Rhône. On y goûte à présent les dou- « ceurs de la tranquillité. Quel rapport peut « avoir, avec la loi que nous discutons, la « mission du Maréchal? Les actes des man- « dataires du Roi sont-ils soumis à l'exa- « men , à la censure de la chambre? Ne ré- « veillez pas de funestes divisions que les « Lyonnais, plus sages que vous , ont déjà « oubliées, et, comme eux, ne voyez plus « que les résultats de cette heureuse mis- « sion. »

Ce langage , dicté par la sagesse et par l'amour du bien public, aurait prévenu cette explosion de plaintes et de récriminations qui vient d'éclater à Lyon. Les députés du Rhône n'ont pas rendu ce service à leur pays.

Si quelqu'un doit s'en affliger, c'est moi, que vous avez mêlé, je ne puis concevoir pourquoi, dans vos débats avec l'aide-de-camp du maréchal Marmont.

Votre plume est bien haineuse, M. le Général !

Cependant vous aviez déjà reçu de bien amères leçons; et quel que soit mon empressement à m'expliquer avec vous, sur les calomnies que vous avez imprimées contre moi, permettez que je vous dise auparavant deux mots de M. *Fréderic Duchastel* de Saumur.

Dans vos mémoires sur la guerre de la Vendée, en 1815, vous avez accusé cet ancien militaire du *jacobinisme* le plus outré, et d'une honteuse *lâcheté*.

M. Fréderic Duchastel a-t-il été un jacobin ! l'a-t-il été plus que le digne favori de *Rossignol* (1), nommé, sur sa demande, gé-

---

(1) Rossignol, brigand et chef des brigands du faubourg St.-Antoine en 1793 ; Rossignol, le plus

néral de division, le 28 novembre 1793, par
Robespierre ?

La lettre suivante, qu'il a, naguères publiée
à Paris, aidera merveilleusement à résoudre
ces questions.

« Monsieur le Général,

« Celui qui ne craint pas, dans une bro-
« chure répandue avec profusion , d'accu-
« ser de jacobinisme et de lâcheté un ancien
« militaire, doit au moins être lui-même à
« l'abri des représailles, et se sentir une
« conscience politique très-pure ; ou bien il
« s'expose à s'entendre dire, *publiquement*
« *aussi*, de dures vérités.

« Je vais répondre à vos injurieuses calom-
« nies, en faisant, en deux mots, l'histoire
« de ma vie politique ; j'esquisserai ensuite
« quelques traits de la vôtre.

« J'ai fait pendant cinq ans la guerre en hom-
« me d'honneur ; j'ai toujours chéri les princi-
« pes libéraux qui font le bonheur de la France

---

féroce exterminateur des femmes et des enfans dans
la Vendée ; Rossignol n'a jamais cessé de faire l'éloge
du sans-culotte *Canuel* dans ses rapports à la Con-
vention.

*Voyez la Biographie des hommes vivans et le
Moniteur.*

« depuis que le meilleur des rois les a con-
« sacrés par la charte. Je n'ai jamais fait de
« mal; j'ai quelquefois été assez heureux pour
« faire du bien, etc............... M. *Joly* , votre
« beau-frère, était à la tête de ma colonne ,
« avec MM. *Gain* , maire de Montreuil ;
« *Dugauguer*, juge de paix; *Estienvrin* ,
« *Danso* et *Maugeis-Bourguidon* , percep-
« teurs; *Allivier* fils, juge de paix à Douay;
« *Maffray* , receveur de l'enregistrement ,
« et beaucoup d'autres : étaient-ils fédérés?....

« Voulez - vous savoir, M. le Général ,
« pourquoi la population s'était levée en
« masse? Les habitans de nos campagnes .
« avaient appris que vous marchiez dans les
« rangs des royalistes ; aucun d'eux n'igno-
« rait de quelle manière vous aviez fait la
« guerre aux Vendéens et aux habitans du
« Berry ; ils craignaient le même traitement,
« et tous, *jusqu'à vos proches parens* , cou-
« raient aux armes.

« Quel aveuglement a pu vous faire croire
« que vous n'étiez plus connu dans votre
« propre pays? Ne savons-nous pas tous que
« vous êtes parvenu aux premiers grades de
« l'armée dans un temps où la fureur déma-
« gogique tenait lieu de talens et de bra-
« voure? N'avez-vous pas figuré , sous les

« yeux de tous vos concitoyens, aux états-
« majors des généraux les plus révolution-
« naires ? Ne vous a-t-on pas vu à la tête de
« ces colonnes qui portaient le carnage, l'in-
« cendie et la dévastation dans la Vendée et
« dans le Berry ? Quels sont, depuis cette
« époque, vos titres de gloire ? quelle bataille
« avez-vous gagnée ? quelle campagne avez-
« vous faite ? vous n'avez montré de courage
« que pour combattre des Français, et *des*
« *Français royalistes.*

« Et vous ne rougissez pas de vous placer
« entre ces preux Vendéens, qui, toujours
« fidèles à leurs principes, n'ont porté les
« armes que pour la cause du Roi !

« Canuel entre les d'Autichamp et les La-
« roche - Jacquelin !!! Qui peut justifier une
« telle jactance ? serait-ce votre conduite à
« Rennes et à Lyon ? Il est vrai que le mé-
« morable jugement du général Travost et
« les rapports de M. le duc de Raguse por-
« teront votre nom à la postérité la plus re-
« culée. »

« Je laisse à M. d'Autichamp, contre qui
« votre pamphlet est particulièrement dirigé,
« le soin de relever les erreurs et les men-
« songes dont on assure qu'il est rempli ; il
« dira de quelle considération vous jouissiez

dans l'armée Vendéenne, et comment M.
« Canuel, lieutenant - général, se trouvait
« sous les ordres du jeune Laroche-Jacque-
« quelin, alors chef d'escadron, et aujour-
« d'hui colonel.

« Monsieur le Général, vous m'avez in-
« sulté avec trois mille de mes concitoyens;
« je vous ai répondu et pour eux et pour moi.
« Si j'étais officier - général, vous m'auriez
« déjà vu.... C'est à vous maintenant, Mon-
« sieur, si vous êtes brave, à m'offrir loya-
« lement l'occasion de vous prouver que je
« le suis autant que vous.

« *Saumur, premier février* 1818.

« *Signé*, F. Duchastel. »

Et c'est vous, M. le Général, vous le dé-
vastateur de la Vendée et du Berry, l'effroi
de vos concitoyens, la terreur de vos parens
dans des temps épouvantables; c'est vous qui
me reprochez ma conduite dans les provin-
ces du Midi, en 1815! c'est vous qui m'ac-
cusez d'avoir trahi ma parole d'honneur!

Quelle était donc votre intention? quel
pouvait être votre intérêt à compromettre
aussi gravement un officier supérieur?

Le colonel Fabvier a cru devoir parler
dans son écrit de la persécution dirigée contre les officiers à demi-solde.

Ce reproche ne vous était pas adressé plus particulièrement qu'aux autres fonctionnaires publics. Cependant il est tombé dans votre conscience; on le sent, on le voit : vous ne pouvez l'en arracher.

Il fut un temps (et ce temps n'est pas très-éloigné) où vous auriez accepté cette imputation, où vous vous en seriez fait un mérite; aujourd'hui vous la repoussez; vous en rougissez devant toute la France.

Mais si les officiers à demi-solde dédaignent de réfuter votre impuissante justification, du moins n'abusez pas de leur longanimité jusqu'à dire que vous avez été leur protecteur. Vous n'en imposeriez à personne, et le gouvernement connaît la vérité.

Quant à moi que vous avez calomnié, ce n'est pas pour vous que je vais me justifier. Je ne veux pas de votre estime : mais je désire conserver celle de mes frères d'armes, de mes concitoyens; car, si je la perdais, comme d'autres l'ont perdue, je ne saurais pas supporter la vie.

Il est vrai que j'ai marché dans les rangs de l'armée qui se forma sous le commandement du général Gilly, à Nîmes, lorsque S. A. R. le Duc d'Angoulême combattait dans les plaines du Dauphiné.

Je ne rappelerai pas qu'alors la France entière était sous la domination de Bonaparte; qu'il dictait des lois à l'armée et aux citoyens; que le Roi était à Gand, et qu'un gouvernement de fait avait remplacé le sien; que j'étais un militaire, accoutumé à obéir sans délibérer, et que j'ai déféré à des ordres de mes chefs.

Je dirai seulement que l'amnistie accordée par Louis XVIII, lorsqu'il remonta sur son trône, imposait silence sur ces événemens, et que vous auriez dû, Monsieur le Lieutenant - Général, montrer plus de respect pour les augustes volontés du Roi.

Et d'ailleurs : « Il est plus difficile, dans « les temps de révolution, de connaître son « devoir que de le faire. »

Pendant cette campagne de quelques jours, comme dans toutes celles que que j'ai faites pendant vingt ans, je me suis comporté en homme d'honneur; j'ai maintenu le meilleur ordre et la plus sévère discipline dans le détachement que je commandais. Les personnes, les propriétés ont été, par mes soins, préservées de toute atteinte. J'ai comblé les vaincus des procédés les plus obligeans; j'ai adouci les rigueurs de leur défaite; j'ai imposé à la multitude frémissante de fureur le devoir de respecter la dignité des rangs dans la personne des chefs de l'armée royale. J'ai *mérité*, *obtenu* et *conservé* la reconnaissance des officiers généraux attachés à l'état-major du Duc d'Angoulême.

Est-ce ainsi que vous en agissiez, Monsieur le Lieutenant-Général, avec les royalistes de la Vendée, quand vous y étiez l'ami, le confident, le séïde de l'infâme *Rossignol*; quand vous y *méritiez* le grade de général de division ?

Montrez une lettre semblable à celle qu'on va lire :

« Le lieutenant de Roi, comte de Lezert,
« chevalier de l'ordre royal et militaire de
« Saint-Louis, commandant la place du Pont
« Saint-Esprit, à M. Lafont, chef de batail-
« lon en non activité.

« Malgré la différence d'opinion qui a
« existé entre nous, Monsieur, je me plais
« à vous rendre la justice qui vous est dûe,
« et, en rendant hommage à la vérité, je
« m'acquitte en même temps d'une dette con-
« tractée par la reconnaissance, puisqu'il
« est vrai que c'est à vos soins et à votre
« humanité que je dois d'être arrivé chez
« moi, ainsi que plusieurs volontaires royaux,
« sans avoir été maltraité; que, plus en évi-

« dence que ces Messieurs, à raison du poste
« que j'avais eu l'honneur d'occuper auprès
« de S. A. R., les haines et les vengeances
« m'étaient plus directement adressées, et
« que je suis convaincu que si vous n'en
« eussiez imposé à la multitude attroupée,
« ma maison et peut-être moi-même, eus-
« sions été la victime de leur effroyable
« rage.

« Monsieur le comte de Seran, dont vous
« désirez connaître l'adresse, sera enchanté,
« ainsi que moi, d'être à même de vous ren-
« dre justice. Il y a peu de jours, qu'étant
« ici nous en parlions encore, et je me plais
« à vous assurer qu'il se fera un plaisir à
« démentir des bruits aussi absurdes que dé-
« nués de fondement, quand on prétend que
« c'est vous, Monsieur, qui auriez eu l'au-
« dace de vous exposer à prendre l'épée de
« S. A. R.; personne, mieux que M. de Seran
« et moi, ne peut attester le contraire, puis-
« que nous n'avons quitté Monseigneur qu'a-
« près que son arrestation nous en eut sé-
« paré, et que nous le fûmes nous-mêmes par
« le général Radet.

« Vous trouverez ci-joint l'adresse de M. le
« comte de Seran; vous pouvez lui écrire à
« ce sujet, et je garantis sa réponse..... »

Dans plusieurs lettres j'ai reçu des témoignages non moins flatteurs de la reconnaissance de M. le comte de Seran qui, comme M. de Lezert, ne quitta S. A. R. qu'après son arrestation.

Ces lettres, Monsieur le Général, ne valent-elles pas les recommandations et les éloges de *Rossignol ?*

La voilà connue ma conduite dans la campagne du Midi.... C'est aux hommes d'honneur à l'apprécier.

L'ordonnance royale, qui licencia l'armée de la Loire, prescrivait aux militaires de retourner dans les lieux de leur naissance. Je suis né à Nîmes. Le moment de mon entrée dans cette ville eût été celui de ma mort. Depuis plusieurs mois les lois y étaient sans vigueur, les magistrats sans puissance et l'autorité du Roi ouvertement méconnue. Des bandes d'assassins, publiquement organisées, vivaient de ravages, de pillage et de sang. Celui d'un officier français aurait fait les délices de ces cannibales. Le Ministre de la guerre ne l'ignorait pas ; il me permit de fixer ma résidence à Lyon, auprès de ma famille qui s'y était réfugiée. J'y étais, quand le Ministre de la police transmit à M. de Sainneville, lieutenant de police, l'ordre de me mettre à la disposition du général Maringonné qui commandait alors le département du Rhône. M. de Sainneville connaissait ma demeure; je l'avais déclarée aux autorités civiles et militaires. Il me manda chez lui, et chargea un commissaire de police de m'accompagner chez le général Maringonné.

Déjà, et avant d'avoir obtenu du Ministre de la guerre l'autorisation dont j'ai parlé, je m'étais présenté plusieurs fois à ce général, pour faire renouveler la permission de rester quelques jours à Lyon. Chaque fois j'avais été accablé de malhonnêtetés et de menaces. *C'était à Nîmes*, s'écriait-il, *c'était à Nîmes*, que je serais bientôt traîné; et en prononçant ces mots *funèbres*, il me parcourait avec des regards de tigre.

Lorsque je fus conduit devant lui par ordre de M. de Sainneville, il n'avait reçu du ministère de la police aucune instruction à mon sujet. Je le priai de me laisser la liberté, et j'offris, s'il me l'accordait, de m'engager sur ma parole d'officier français, à reparaître quand il l'exigerait. Je fus impitoyablement refusé, et je passai sous la garde d'un officier de la gendarmerie. (1) Il eut pour moi

____

(1) M. Greppo.

tous les égards possibles, et je me félicite de trouver ici l'occasion de lui en témoigner ma gratitude. Le général Maringonné m'avait si fort habitué à être traité comme un misérable, et la terreur était alors si affreuse, que je fus attendri des bontés de cet officier. J'avais les yeux sur lui, lorsqu'il prit lecture de l'ordre cacheté que lui avait fait porter le général Maringonné, et je m'aperçus, avec effroi, qu'il éprouvait une agitation extraordinaire. Prisonnier et gardé par un gendarme qui ne quittait pas ma chambre, je me rappelai les menaces du général Maringonné. Combien de fois je l'avais entendu me dire, avec l'accent de la rage, à moi et aux officiers à demi-solde : « Vous êtes tous des brigands, l'échafaud vous attend ! » (1) Je ne pouvais douter de l'empressement que ce furieux mettrait à m'expédier pour la boucherie de Nîmes. J'avais mille fois exposé ma vie dans les combats, et j'étais prêt à la sacrifier pour ma patrie. Mais servir de pâture à des antropophages !...., Je cherchai, je trouvai l'occasion de m'évader, et j'en profitai.

(1) Ce sont ses propres expressions : je le jure, foi de Français, foi de soldat. Tous les officiers de la vieille armée, qui ont été outragés comme moi, l'attesteront.

Il est faux que j'eusse donné ma parole de ne pas fuir. Je l'offris, si l'on voulait me laisser libre. Cette offre fut rejetée, et le général *Maringonné* en aurait imposé, s'il avait dit le contraire à qui que cé soit.

A peine m'étais-je évadé que mon respectable père, vieillard plus que septuagénaire, se vit en butte aux violences et à la rage du général Maringonné. Les larmes me roulent dans les yeux, à moi, vieux soldat qui jamais n'en ai versé, quand j'entends ce père malheureux rappeler les injures et les horribles menaces que vomirent contre lui des forcenés, et particulièrement M. *Hue de la Colombe*, officier d'état-major à Lyon. Il s'oublia jusqu'à s'emparer de mon épée, que depuis j'ai su me faire rendre.

En me réduisant, Monsieur le Général, à la nécessité de réfuter publiquement des calomnies publiques, vous avez r'ouvert les blessures de mon cœur. Le temps les guérira. Mais la conscience des calomniateurs ne se cicatrise pas.

Lyon, le 6 mars 1818.

Le Chef de Bataillon,

LAFONT.

LYON, de l'Imprimerie de Fr. MISTRAL.